essentials

Springer Essentials sind innovative Bücher, die das Wissen von Springer DE in kompaktester Form anhand kleiner, komprimierter Wissensbausteine zur Darstellung bringen. Damit sind sie besonders für die Nutzung auf modernen Tablet-PCs und eBook-Readern geeignet. In der Reihe erscheinen sowohl Originalarbeiten wie auch aktualisierte und hinsichtlich der Textmenge genauestens konzentrierte Bearbeitungen von Texten, die in maßgeblichen, allerdings auch wesentlich umfangreicheren Werken des Springer Verlags an anderer Stelle erscheinen. Die Leser bekommen „self-contained knowledge" in destillierter Form: Die Essenz dessen, worauf es als „State-of-the-Art" in der Praxis und/oder aktueller Fachdiskussion ankommt.

Klaus Meier

Die Redaktion als Institution der Medienethik

Klaus Meier
Katholische Universität
Eichstätt-Ingolstadt
Deutschland

ISSN 2197-6708
ISBN 978-3-658-04005-5
DOI 10.1007/978-3-658-04006-2

e-ISSN 2197-6716
ISBN 978-3-658-04006-2 (eBook)

Die Deutsche Nationalbibliothek verzeichnet diese Publikation in der Deutschen Nationalbibliografie; detaillierte bibliografische Daten sind im Internet über http://dnb.d-nb.de abrufbar.

Springer VS

Gedruckt auf säurefreiem und chlorfrei gebleichtem Papier

Springer VS ist eine Marke von Springer DE. Springer DE ist Teil der Fachverlagsgruppe Springer Science+Business Media
www.springer-vs.de

Vorwort

Dieser Beitrag über Redaktionen als Institutionen der Medienethik ist erstmals im „Handbuch Medienethik" erschienen, das Christian Schicha und Carsten Brosda im VS Verlag für Sozialwissenschaften (Wiesbaden) herausgegeben haben. Im Kern ist dieser Beitrag im Jahr 2008 entstanden. Seitdem sind die Grundsätze redaktioneller Ethik gleich geblieben, aber im Detail gibt es sowohl neuere Entwicklungen im Journalismus als auch neuere Studien zu diesem Thema. Für diese elektronische Fassung wurde der Beitrag im September 2013 aktualisiert: An einigen Stellen wird auf neuere Literatur verwiesen, und aktuelle Beispiele illustrieren neue Instrumente redaktionell institutionalisierter Ethik.

Klaus Meier

Inhaltsverzeichnis

1 Die Redaktion als vernachlässigte Institution der Medienethik

Wer wissenschaftliche Analysen und praktische Anleitungen zur journalistischen Ethik im deutschsprachigen Raum nach der Relevanz der Redaktion als Institution der Medienethik durchsucht, der wird nur punktuell oder mit einigem Interpretationswillen fündig. Reflexionen von Verantwortung im Journalismus thematisieren in der Regel vier Bereiche: das Individuum Journalist, die Profession aller Journalisten, das Publikum und das sozialen System Journalismus bzw. Massenkommunikation mit all seinen komplexen Zusammenhängen und strukturellen Möglichkeiten und Grenzen – inklusive einer Organisations- oder Unternehmensethik. Neuere Ansätze sprechen zwar von einer „gestuften Verantwortung" (Pürer 1992, S. 319) oder einem „Medienethik-Netzwerk" (Ruß-Mohl 2000, S. 179) und berücksichtigen alle am Kommunikationsprozess beteiligten Gruppen (vgl. Meier 2013, S. 248–251) – dennoch tauchen Redaktionen nur an zwei Punkten medienethischer Überlegungen en passant auf:

- Aus Sicht individueller Verantwortung und auch aus Perspektive der Professionsethik bündeln sich in Redaktionen im Idealfall kollegiale Diskurse über ethische Grundlinien und Konflikte. An Redaktionen richten sich z. B. die Sanktionen des Presserats. Die Redaktion ist in diesen Zusammenhängen aber nicht explizit eine eigene Institution der Medienethik, sondern lediglich der Ort, an dem sich im „Redaktionsalltag" (Institut zur Förderung publizistischen Nachwuchses und Deutscher Presserat 2005) individuelle Verantwortung und Professionsethik entfalten sollen. Das „Gespräch in der Redaktion" (Ruß-Mohl 2000) ist dann wichtiger Baustein journalistischer Ethik. Es ist aber im deutschsprachigen Raum traditionell nicht institutionalisiert, sondern bleibt dem Zufall und der Gutmütigkeit einzelner Journalisten überlassen.
- Die Organisations- oder Unternehmensethik sieht eine Verantwortung in erster Linie beim Medienunternehmen als Institution (vgl. z. B. Saxer 1992;

K. Meier, *Die Redaktion als Institution der Medienethik*, essentials,
DOI 10.1007/978-3-658-04006-2_1, © Springer Fachmedien Wiesbaden 2014

Karmasin 1993, 2010) und sucht nach einem Ausweg aus dem Dilemma zwischen kommerzieller Ausrichtung einerseits und Sozialverantwortung und öffentlicher Aufgabe andererseits. Wissenschaftliche Analysen sind zu einem Teil skeptisch: Weischenberg (1992, S. 214) stellte z. B. fest, „daß die heutigen Unternehmensziele und Unternehmensstrukturen der Medienbetriebe Moral- und Ethik-Postulate ins Leere laufen lassen". Zum anderen Teil wird darauf verwiesen, dass ethische Überlegungen zunehmend als strategisch wichtige Dimension von Medienunternehmen gesehen und unter Begriffen wie ‚Unternehmenskultur', ‚Stakeholder Theory' oder ‚Corporate Social Responsibility' diskutiert werden (vgl. Saxer 1992, S. 113–117; Karmasin 1999; Stern 2008). Bei all diesen Analysen differenziert die Organisationsethik indes in der Regel nicht zwischen dem Medienunternehmen als Wirtschaftsbetrieb und der Redaktion als Abteilung, welche die publizistische Leistung erbringt: Die medienethische Institution ist das Medienunternehmen als Ganzes (vgl. exemplarisch Gottwald et al. 2006, S. 120–125; Stapf 2006, S. 345–348).

Unberücksichtigt bleibt dabei, dass die „Gleichsetzung von Medien und Journalismus zusehends brüchig wird" (Altmeppen 2006, S. 15; vgl. dazu auch Altmeppen und Arnold 2010). Medien und Journalismus lassen sich als eigenständige Organisationen definieren, die unterschiedliche Leistungen, Strukturen und unterschiedliches Management aufweisen.

Eine Übertragung dieses differenzierenden Ansatzes auf die Ethik schärft den Blick auf die Verantwortung der Redaktion und auf spezifische redaktionell institutionalisierbare Bausteine einer umfassenden Institutionsethik. Einerseits wird klarer, wie Medienunternehmen den ökonomischen – und damit auch: ethischen – Spielraum einer Redaktion einengen oder erweitern (z. B. durch Ressourcenausstattung oder Zielvorgaben; vgl. Blankenburg 1995). Andererseits kann die Redaktion nur dann eine eigenständige Verantwortungslogik entwickeln, wenn ihr Verantwortungsgebiet aus einer allgemeinen Unternehmensethik herausgelöst wird. Dass dies nicht absolut geschehen kann, liegt auf der Hand – die Interdependenzen und Dependenzen (vgl. Altmeppen 2006, S. 203–208) zwischen Unternehmen und Redaktion werden nicht geleugnet – aber Redaktionsmanagement und -organisation können andere ethische Impulse setzen als das Medienmanagement.

Allerdings vernachlässigten die redaktionell Verantwortlichen im deutschsprachigen Raum bis in die 1990er Jahre weitgehend die Aufgaben von Redaktionsmanagement und -organisation sowie redaktioneller Qualitätssicherung. Erst allmählich wurden sich z. B. Chefredakteure von Tageszeitungen bewusst, dass sie nicht nur schreiberische und andere publizistische, sondern auch Managementaufgaben haben (vgl. Meier 2002, S. 266–271).

Es ist sinnvoll und zunehmend relevant, die Redaktion als eigenständige Institution der Medienethik anzusehen. Anhand von Beispielen redaktionell institutionalisierter Ethik kann dargelegt werden, welche Potentiale zur Durchsetzung medienethischer Standards in der Institution Redaktion stecken – aber auch welche Tendenzen einer erfolgreichen Implementierung im Wege stehen.

2 Korporative Verantwortung von Redaktionen

Die Möglichkeiten und Grenzen „korporativer Verantwortung" haben u. a. Debatin (1997) und Saxer (1992) diskutiert. Demnach ist „das kollektive Handeln in Korporationen nicht einfach bloß die Summe der individuellen Einzelhandlungen" (Debatin 1997, S. 291), sondern das korporative Handeln hat eine spezifische Eigenqualität. Dieser Ansatz kann auf Redaktionen übertragen werden: Wenn z. B. redaktionelle Strategien entworfen werden, Redaktionskonferenzen entscheiden, ein Beitrag im redaktionellen Workflow von der Hand eines Journalisten in die des nächsten wandert oder qualitätssichernde Prozesse und Strukturen eingeführt werden – dann geht es um ‚kollektives Handeln' und ‚korporative Verantwortung'.

Redaktionen als Organisationen werden von der Öffentlichkeit als schuldfähige und damit auch ethisch verantwortliche Akteure aufgefasst und auch belangt (vgl. Saxer 1992, S. 115). Das Sanktionsmittel ist der Gewinn oder Verlust von öffentlicher Reputation. Eine Redaktion kann Glaubwürdigkeit aufbauen oder verspielen. Dabei müssen Redaktionen Glaubwürdigkeit und Vertrauen beim Publikum langfristig erwerben (vgl. Neuberger 2002, S. 37). Sie sind ihr wichtigstes Kapital. Verliert eine Redaktion das Vertrauen des Publikums in ihre Unabhängigkeit, in die Qualität ihrer Rechercheprozesse, in die Aktualität und Relevanz ihrer Themen- und Faktenauswahl sowie in die Fähigkeit, Nachrichten angemessen zu kommentieren und einzuordnen (vgl. Kohring und Matthes 2007), dann verliert das journalistische Produkt seinen Sinn und Wert für die Nutzer: Es ist funktional äquivalent ersetzbar durch andere Publikationsformen wie Medienunterhaltung, Public Relations, Werbung oder Laienkommunikation (vgl. Meier 2013, S. 235–237).

Glaubwürdigkeit ist ein redaktioneller Wert, kein individueller: Das Publikum vertraut nur in geringem Maße einem einzelnen Journalisten. „They become part of a ‚brand' that has, over time, succeeded in gaining public trust as a source of credible information. The actions and ethical decisions of individual practitioners

K. Meier, *Die Redaktion als Institution der Medienethik*, essentials,
DOI 10.1007/978-3-658-04006-2_2, © Springer Fachmedien Wiesbaden 2014

can strengthen that trust or undermine it, but in terms of public perception, it is the institution that generally takes the credit – or the hit.“ (Hayes et al. 2007, S. 268).

Sind sich Redaktionen dieser Zusammenhänge bewusst? – Dann müssten sie z. B. auf redaktionell (mit)verschuldete Skandale entsprechend reagieren. Werden daraus organisatorische Konsequenzen gezogen und diese auch öffentlich kommuniziert, um Vertrauensverluste zu reparieren? Redaktionen übernehmen Verantwortung z. B. durch öffentliche Erklärungen, Garantien und ihre tatsächliche Umsetzung, Rücktritte von symbolischen Repräsentanten, Umstrukturierungen – und natürlich durch den Abdruck von Rügen des Presserats oder regelmäßigen Fehlerkorrekturen. Dazu vier Beispiele:

- Als der freie Journalist Michael Born Anfang der 1990er Jahre dem *RTL*-Magazin *Stern TV* mehrere gefakte Beiträge – teilweise auf Bestellung – verkaufte, die weitgehend ungeprüft ins Programm genommen wurden, stilisierte Chefredakteur und Moderator Günter Jauch sich und die Redaktion als Opfer (vgl. Sonntag 2007, S. 182; Born 1996). Redaktionelle Konsequenzen gab es nicht, die korporative Verantwortung wurde heruntergespielt.
- Ähnlich reagierte der *Hessische Rundfunk* nach dem Skandal um gekaufte Sportsendeplätze. Zwar wurde Sportchef Jürgen Emig 2004 entlassen und musste sich juristisch verantworten, Intendant Helmut Reitze stritt jedoch jede weitere Verantwortung des Senders ab. In einem internen HR-Memo hieß es: „Der HR hat nach der Ablösung von Emig kein Eigeninteresse daran, die Sache weiter zu erforschen.“ (zit.n. Zydra 2008)
- Ein anderes Signal sendete im Jahr 2000 die Redaktion der *Süddeutschen Zeitung* an ihre Leser, nachdem herausgekommen war, dass das *SZ Magazin* mehrere gefälschte Interviews des freien Journalisten Tom Kummer gedruckt hatte: Die Chefredakteure Ulf Poschardt und Christian Kämmerling mussten die Redaktion verlassen (vgl. Reus 2004, S. 254); die SZ-Redaktion dokumentierte ihr Versagen ausführlich und offen (vgl. Ott und Ramelsberger 2000).
- Noch weiter ging die Verantwortungsbereitschaft der *New York Times* im Jahr 2003 nach dem Skandal um den Reporter Jayson Blair, der viele Reportagen frei erfunden hatte: Unter anderem wurden die Chefredakteure Howell Raines und Gerald Boyd entlassen, die Organisation der Redaktion verändert, ein *Handbook of Values and Practices for the News and Editorial Departments* (The New York Times 2004) erarbeitet sowie die Stelle für einen ‚Public Editor‘ – einen Ombudsmann – geschaffen, die seitdem alle zwei bis drei Jahre neu besetzt wird (vgl. Okrent 2004; Dillon 2005). In der Zeitung erschien am 11. Mai 2003 eine mehrseitige Aufarbeitung des Skandals, in der es heißt: „The widespread fabrication and plagiarism represent a profound betrayal of trust and a low point in the 152-year history of the newspaper.“ (The New York Times 2003).

Indizien für eine zunehmende medienethische Relevanz der Institution Redaktion

3

„Our greatest strength is the authority and reputation of The Times. We must do nothing that would undermine or dilute it and everything possible to enhance it," heißt es in der Präambel des Ethik-Handbuchs der *New York Times* (2004). Nicht nur die *Times* sorgt sich um ihre Reputation, auch andere Redaktionen in den USA und in anderen Teilen der Welt bemühen sich kundzutun, dass sie sich auf die traditionellen journalistischen Werte und Standards besinnen wollen. So beginnt z. B. der im Mai 2007 unterzeichnete Verhaltenskodex der deutschen *WAZ Mediengruppe* (2007) mit folgenden Sätzen: „Regionalzeitungen genießen im Vergleich mit anderen Medien ein hohes Maß an Glaubwürdigkeit. Dieses Vertrauenskapital darf nicht gefährdet werden."

Das Vertrauen in Journalismus ist über Jahrzehnte hinweg gesunken: in Deutschland genauso wie in anderen Ländern. Nur noch 31 % der Deutschen vertrauen der Berufsgruppe der Journalisten; der Durchschnitt in Westeuropa liegt bei 33 Prozent, in den USA bei 43 % (vgl. GfK 2007, S. 2). Dies hat verschiedene Ursachen. Der Journalismus hat vor allem in den 1980er und 1990er Jahren mit diversen Medienskandalen seine Glaubwürdigkeit aufs Spiel gesetzt (vgl. Pürer 1992): In der zunehmenden Konkurrenzsituation nach Einführung des privat-kommerziellen Rundfunks war es branchenüblich, dass sich Redaktionen durch Sensations- und Katastrophenjournalismus, durch eine sinkende moralische Hemmschwelle profilieren wollten und sich eher an kurzfristigen hohen Quoten und Auflagen orientierten als an einem langfristigen Schutz des Vertrauensverhältnisses mit dem Publikum. Auch die Regel, zwischen redaktionellem Teil und Werbung strikt zu trennen, wurde zunehmend aufgeweicht (vgl. Baerns 2004; Volpers 2007). Dass der Journalismus damit seine Besonderheiten aufgibt, die Grundpfeiler der Glaubwürdigkeit sind, sahen viele aber zunächst nicht als problematisch, so lange das journalistische Monopol der Selbstbeobachtung und Synchronisation der Gesellschaft nicht wankte (vgl. Meier 2013, S. 259–264).

K. Meier, *Die Redaktion als Institution der Medienethik*, essentials,
DOI 10.1007/978-3-658-04006-2_3, © Springer Fachmedien Wiesbaden 2014

Aufgrund der neuen Konkurrenzsituation im digitalen Zeitalter wird das Monopol indes in Frage gestellt; journalistische Redaktionen geraten fundamental unter Druck. Es stellt sich nun sogar die Frage, ob Journalismus noch überlebensfähig ist (vgl. Weischenberg et al. 2006, S. 202; Meier 2013, S. 263). Andere Publikationen nähern sich innerhalb und außerhalb des Internets dem Journalismus an und imitieren Darstellungs- und Erscheinungsformen, ohne den „normativen Ballast" (Altmeppen und Quandt 2002, S. 48) der Unabhängigkeit mit sich zu tragen: einerseits mit dem hohen Kapitaleinsatz der Unternehmenskommunikation, andererseits mit den neuen Möglichkeiten für Laienkommunikation durch Weblogs, Soziale Netzwerke und andere nutzergenerierte Plattformen. Journalistische Redaktionen geraten im Internet in die Gefahr der ‚Unsichtbarkeit' (vgl. Neuberger 2002), wenn sie ihre normative Exklusivität vernachlässigen. Auch außerhalb des Internets versuchen immer mehr Organisationen, den „Gatekeeper" Journalismus zu umgehen: durch die eigenen Publikationsplattformen der Public Relations (Corporate Publishing, Corporate TV, Parlamentsfernsehen etc.).

Optimisten sehen deshalb einen normativen Wendepunkt (vgl. z. B. Hayes et al. 2007; Meier 2013, S. 263): Nur wenn sich Redaktionen auf die journalistischen Standards besinnen und „ihre Vorzüge unmissverständlich herausarbeiten" (Lorenz-Meyer 2007), bleiben sie unterscheidbar im unendlichen Universum des massenmedialen Contents. „Wir liefern verlässliche Informationen" ist die Botschaft, die eine journalistische Marke im digitalen Zeitalter sichtbar macht.

Die Redaktion ist die Institution, die diese Werteorientierung garantieren und dem Publikum signalisieren muss. Jede einzelne Redaktion muss um Vertrauen beim Publikum werben, um das diffuse Misstrauen zu durchbrechen, das sich auf alle Medienanbieter gelegt hat. Die Bindung des Publikums an die journalistischen Marken nimmt ab – nicht nur im Internet, wo *Google* eine neue starke Marke etabliert hat, sondern auch in traditionellen Märkten: Auswertungen der Daten der Media-Analyse haben z. B. ergeben, dass die Bindung der Zeitschriftenleser an ein Nachrichtenmagazin immer weiter zurückgeht (vgl. Risel 2008).

Vertrauensstiftung durch Transparenz 4

Wie können Redaktionen diese Herausforderungen aufgreifen und ihre Glaubwürdigkeit erhöhen? – Ethisch begründete Normen können in die Qualitätsdiskurse einer Redaktion einfließen (vgl. Funiok 2006). Damit dies nicht der Beliebigkeit überlassen bleibt, braucht es institutionelle Strukturen, die Qualität im Alltag fördern. Mit einem ganzheitlichen Qualitätsmanagement (vgl. Wyss 2002) formuliert eine Redaktion Qualitätsziele und -kriterien – z. B. mit Leitbildern oder Kodizes – und sie nähert sich diesen Zielen in einem fortlaufenden Prozess an oder aktualisiert die Ziele – z. B. in der Redaktionskonferenz (vgl. Hermes 2006; Wyss et al. 2012).

Bei der Vertrauensstiftung kommt dem Qualitätskriterium der Transparenz besondere Bedeutung zu. „Sunlight is the best disinfectant." (Dillon 2005) Eine Redaktion sollte möglichst viel Licht in ihre Strukturen und Prozesse lassen, die Berichterstattungsbedingungen offen legen, Quellen angeben und die Güte und Eigeninteressen der Quellen diskutieren, Fehler eingestehen und offen korrigieren. Transparenz verlangt nach Ruß-Mohl (1999, S. 1), „der Klientel möglichst ‚reinen Wein' einzuschenken und sie präzise über ‚Risiken und Nebenwirkungen' der jeweiligen Dienstleistung in Kenntnis zu setzen; im Fall der Medien also: sie über die Konditionen zu informieren, unter denen Publika informiert werden".

Vor allem in den USA haben Journalismusforscher und Medienkritiker erkannt, dass redaktionelle Transparenz an Bedeutung gewonnen hat (vgl. z. B. Plaisance 2007, S. 193 ff.). „Transparency – telling the public how the media gets its stories – has become one of the biggest issues facing newspapers", schreibt zum Beispiel der Medienkritiker der *St. Petersburg Times*, Deggans (2006).

Redaktionelle Transparenz widerspricht allerdings der journalistischen Tradition: Redaktionen sind eher darauf bedacht, ihre Entscheidungen geheim zu halten, um politische und wirtschaftliche Einflüsse aus der Redaktion fern zu halten und Quellen zu schützen. Dieser Aspekt ist z. B. in der Richtlinie 6.1 des Schweizer Pressekodex festgehalten: „Die Berufspflicht, das Redaktionsgeheimnis zu wahren,

K. Meier, *Die Redaktion als Institution der Medienethik*, essentials,
DOI 10.1007/978-3-658-04006-2_4, © Springer Fachmedien Wiesbaden 2014

geht weiter als das gesetzliche Zeugnisverweigerungsrecht. Das Redaktionsgeheimnis schützt die Quellen der Journalistinnen und Journalisten [...].“ (Schweizer Presserat 2008, S. 14) Doch tieferen Sinn und ethische Relevanz haben Redaktionsgeheimnisse nur im Bereich der investigativen Recherche, bei der Quellen und Journalisten gegenüber politischer, wirtschaftlicher und juristischer Macht und vor den Folgen des „Whistleblowings“ geschützt werden müssen. Bei allen anderen journalistischen Routinen, bei denen kein Quellenschutz nötig ist, wird der Begriff „Redaktionsgeheimnis“ inflationär ge- und missbraucht. Zwei Beispiele mögen die Gegensätze – Redaktionsgeheimnis versus redaktionelle Transparenz – illustrieren:

- Als Günter Wallraff im Buch *Der Aufmacher. Der Mann, der bei ‚Bild' Hans Esser war* die journalistischen Methoden und die redaktionelle Arbeit der *Bild*-Zeitung nach verdeckten Recherchen in der Lokalredaktion Hannover detailliert beschrieb, sah es das Bundesverfassungsgericht als Verletzung der Pressefreiheit, dass Wallraff eine Redaktionskonferenz schilderte, „auf der in alltäglicher Weise und ohne Erwähnung von Informationsquellen Themen für die nächste Ausgabe durchgesprochen wurden“ (BVerfGE 66, 116 vom 25. Januar 1984: 118).
- Die US-amerikanische Tageszeitung *The Spokesman-Review* hat 2005 die Initiative „Transparent Newsroom“ ins Leben gerufen: Auf der *Spokesman*-Website werden nicht nur Blogger und andere Leser eingeladen, die Zeitung zu kritisieren, der Chefredakteur fasst zudem täglich die Ergebnisse der Redaktionskonferenz im Blog „Daily Briefing“ zusammen (*www.spokesmanreview.com/blogs/briefing/*), redaktionelle Entscheidungen werden begründet und mit den Lesern diskutiert – und die beiden täglichen Redaktionskonferenzen werden um 10 Uhr und um 16.30 Uhr live per Webcast im Internet übertragen (*www.spokesmanreview.com/webcast*). Das Projekt „Transparent Newsroom“ solle die „Festung Redaktion“ („fortress newsroom“) niederreißen, meint Chefredakteur Steven A. Smith (2005).[1]

Das zweite Beispiel zeigt, wie das Internet die Möglichkeiten von redaktioneller Transparenz erweitert. Transparenz durch Quellenbezug und gegenseitige Verlinkung sowie durch interaktive und offene Fehlerkorrektur gehört zur Grund-

[1] Nach Redaktionsschluss dieses Beitrags hat die US-Zeitungskrise auch *The Spokesman-Review* erwischt: Nachdem der Verlag massive Entlassungen in der Redaktion und eine Verkleinerung der Print-Ausgabe angekündigt hatte, verließ Chefredakteur Steven A. Smith Anfang Oktober 2008 *The Spokesman-Review*. Die Rest-Redaktion arbeitet inzwischen auch für einen lokalen Radiosender; sie hat nach und nach die Initiative „Transparent Newsroom“ aufgegeben.

bedingung für Glaubwürdigkeit in der Blogosphäre (vgl. z. B. Lasica 2004; Meier 2003, S. 261–262). Auch Wallraffs Nachfolger operieren im Internet: Die „Media Watchdogs" führen ein „Watchblog" (vgl. z. B. *bildblog.de*; *www.topfvollgold.de*). Signalisiert eine Redaktion Transparenz, gesteht Fehler ein und lädt Leser und Blogger ein, sich an der Produktkritik zu beteiligen, dann kann sie den Watchblogs zuvorkommen – oder zumindest versuchen, Kritik zu neutralisieren. Offenheit gegenüber Lesern und Nutzern kann sogar zu mehr Glaubwürdigkeit und Vertrauen in die journalistische Leistung einer Redaktion führen, wie ein wissenschaftliches Experiment gezeigt hat (vgl. Meier und Reimer 2011).

Transparenz als strategische Option der Vertrauensstiftung ist allerdings ein zweischneidiges Schwert. Journalistische Selbstthematisierung wird traditionell skeptisch beurteilt (vgl. Pöttker 2005, S. 123–128; Malik 2008, S. 438–444). Denn den erwähnten ethischen Potentialen stehen Aktivitäten von Redaktionen gegenüber, die Reputationsmanagement als oberflächliche und selbstverliebte PR-Maßnahme begreifen und ethische Erwägungen allenfalls am Rande mitschleppen. So beschränkte die „Initiative Tageszeitung" ein Papier zum Thema „Redaktionelle Transparenz" einzig auf die Frage „Wie stellen sich Redaktionen und Verlage nach außen dar?"; zwei der drei wichtigsten Thesen sind demnach „Mehr Mut zur Selbstdarstellung" und „Inhalt ist Imagepflege" (Initiative Tageszeitung 2007, S. 2).

Natürlich gehören beide Seiten dazu. Transparenz darf auch unter ethischen Gesichtspunkten zum redaktionellen Marketing (vgl. Möllmann 1998) und zur redaktionellen Öffentlichkeitsarbeit beitragen. Sogar explizite „Eigenwerbung" kann ethisch positiv wirken: „Eigenwerbung [...] ist der publizistische Ort, an dem Strukturen der Medienproduktion sich zu erkennen geben." (Pöttker 2005, S. 127) Im Einzelfall wäre indes zu prüfen, ob nur die eine Seite des Schwertes scharf und die andere stumpf ist. Dieser Verdacht drängt sich z. B. auf, wenn die *Bild*-Zeitung unter dem Druck rapider Auflagenverluste zwar eine Korrekturspalte einführt (seit Juli 2006) und einen 32-köpfigen Leserbeirat gründet (Oktober 2007) sowie den Leitlinien des *Axel-Springer-Verlags* (seit August 2003) unterliegt, die sich ausdrücklich auf den Pressekodex beziehen – gleichzeitig aber Chefredakteur Kai Diekmann den Deutschen Presserat öffentlich unter Druck setzt und den Abdruck von Rügen monatelang verschleppt (vgl. Baum 2006).

Exemplarisch für die „Zweischneidigkeit" steht die öffentliche Blattkritik, die *Bild* zwischen September und November 2008 im Internet zelebriert hat: Prominente Politiker und Stars – von Frank-Walter Steinmeier bis Dieter Bohlen – wurden in den Newsroom geladen, um die aktuelle Ausgabe in ein paar Minuten zu besprechen. Ein Video dieser Blattkritik wurde kurz danach im Internet veröffentlicht. Einerseits kann diese Art der Blattkritik beim Publikum Verständnis für redaktionelle Arbeitsweisen fördern, andererseits ist es schwierig, in öffentlichen fünf Minuten in die Tiefe zu gehen und offen zu diskutieren – zumal wenn (wie im Falle Steinmeiers) der Kritiker nicht als griesgrämiger Oberlehrer aussehen will, sondern ein Jahr später den Bundestagswahlkampf gewinnen will. Der Publicity-Effekt war für *Bild* wohl der stärkste Grund, die öffentliche Blattkritik einzuführen.[2]

[2] Ausgerechnet ein Video der öffentlichen Blattkritik wurde für *Bild* zum Kronzeugen gegen eine Rüge des Presserats: Dieser hatte Leichenfotos in der *Bild*-Berichterstattung über einen Flugzeugabsturz gerügt („unangemessen sensationelle Darstellung von Gewalt und Brutalität"). Die betreffende Ausgabe hatte Ernst Elitz, Intendant des *DeutschlandRadio*, besprochen und zum später gerügten Artikel im Video gesagt: „[...] eine textlich und fotomäßig sehr gut, bestens recherchierte Geschichte [...] sicher eine tolle Teamleistung".

5 Zentrale Beispiele redaktionell institutionalisierter Ethik

- *Redaktioneller Kodex:* In US-amerikanischen Redaktionen haben sich Ethik-Kodizes schon länger ausgebreitet; in Deutschland sind sie traditionell weitgehend unbekannt (vgl. Ruß-Mohl 2004; Möllmann 2001). Einige Redaktionen haben in den vergangenen Jahren einen eigenen Kodex erlassen – mit unterschiedlichen Anliegen: Der *WAZ Mediengruppe* (2007)[1] ging es ausschließlich um das Trennungsgebot und die journalistische Unabhängigkeit; der *Axel Springer Verlag* (2003) wünscht darüber hinaus die Autorisierung von Interviews; journalistische Online-Anbieter wie *netzeitung.de* (2001) oder *faz.net* (2008) betonten in den in den Anfangsjahren des Online-Zeitalters erlassenen Kodizes neben Unabhängigkeit und Trennungsgebot auch die Sorgfaltspflicht und regelten den Umgang mit Besonderheiten des Online-Journalismus wie E-Commerce. Kein vorliegender redaktioneller Kodex ist so ausführlich wie der Pressekodex des Deutschen Presserats – meist bezieht man sich aber darauf. Redaktionelle Kodizes sind nicht unumstritten: Während Ruß-Mohl (2004, S. 129–130) argumentiert, dass lokale auf einzelne Redaktionen bezogene Verhaltensrichtlinien effektiver sein können als zentralisierte Schiedsinstanzen, sieht Baum (2006) darin eine „Tendenz zum ethischen Wildwuchs" und befürchtet einen Bedeutungsverlust des Presserats.
- *Offene Redaktion:* In Deutschland gab es schon in den 1970er Jahren Initiativen z. B. für „mobile Redaktionen", die vor Ort gehen und sich den Lesern öffnen (Meier 2002, S. 180). Ein jüngeres Beispiel sind die *Elmshorner Nachrichten*, die ihre Redaktionskonferenzen in Dorf-Gasthöfen unter dem Slogan „Dörfer machen Zeitung" abhielten (Initiative Tageszeitung 2007, S. 6). Hierzulande findet sich allerdings keine Redaktion, welche die neuen Möglichkeiten des In-

[1] Nach der Umbenennung der WAZ Mediengruppe in Funke Mediengruppe im Jahr 2012 ist der Verhaltenskodex im Web nicht mehr verfügbar.

K. Meier, *Die Redaktion als Institution der Medienethik*, essentials,
DOI 10.1007/978-3-658-04006-2_5, © Springer Fachmedien Wiesbaden 2014

ternets so weitgehend nutzt wie die erwähnte *Spokesman Review*. Transparenz in die Zwänge und Routinen der Nachrichtenproduktion bringt das Redaktionsblog der *Tagesschau* (*blog.tagesschau.de*). Mehr als 50 Autoren der *Tagesschau*- und *Tagesthemen*-Redaktion – darunter auch die Redaktionsleiter Kai Gniffke, Thomas Hinrichs und Jörg Schönenborn – diskutieren mit den Nutzern unter anderem über Themenauswahl und Themengewichtung der Nachrichtensendungen. Mitunter treffen mehrere hundert Nutzerkommentare auf einen Blogeintrag ein. Das Blog startete im August 2006 und wurde ein Jahr später mit dem *Grimme Online Award* ausgezeichnet. Noch weiter ging die Nachrichtensendung *Aktuellt* des schwedischen öffentlich-rechtlichen Senders *SVT* mit dem Projekt „Öppen Redaktion": Zwei Videoreporter waren zwei Jahre lang von 2007 bis 2009 permanent in der Redaktion unterwegs und filmten Konferenzen und Gespräche; die Videoclips wurden sofort ins Web gestellt (vgl. Elia 2008; *svt.se/aktuellt/*). Ein weiteres Beispiel für ein intensives redaktionelles Blogprojekt ist das taz-Hausblog (vgl. blogs.taz.de/hausblog), das sich immer wieder mit Kritik an redaktionellen Entscheidungen auseinandersetzt. Sogar investigativ arbeitende Reporterteams haben inzwischen ihre eigenen Blog-Projekte, in denen sie über ihre Arbeit berichten (vgl. z. B. investigativ.welt.de, www.derwesten-recherche.org oder zapp.blog.ndr.de).

- Der *Ombudsmann* ist keine Erfindung des digitalen Zeitalters; schon 1980 wurde die *Organization of News Ombudsmen (ONO)* gegründet (vgl. *www.newsombudsmen.org*). Neben bislang ungezählten Ombudsleuten bei Rundfunkanstalten gibt es heute weltweit rund 90 Presse-Ombudsleute, die meisten davon in den USA (Elia 2007); sie werden auch „public editor" (*NYTimes*), „readers' editor" (*Guardian*), „Leseranwalt" (*Main-Post*) oder „Defensor del Lector" („Verteidiger des Lesers", *El Pais*; vgl. Kaltenbrunner 2006) genannt. In Deutschland ist der Presse-Ombudsmann nach ersten Versuchen in den 1970er Jahren (vgl. Völkl 1980) weitgehend verschwunden und taucht erst allmählich wieder auf: Einer der wenigen ist Anton Sahlender, stellvertretender Chefredakteur der Würzburger *Main-Post*, der im April 2004 als „Leseranwalt" begann und mit dem zweiten Platz beim Lokaljournalisten-Preis 2006 der Konrad-Adenauer-Stiftung ausgezeichnet wurde. Sahlender kämpft seitdem für die Idee einer Ombudsstelle bei Medienhäusern in Deutschland – und konnte 2013 zusammen mit neun Kolleginnen und Kollegen die „Vereinigung der Medien-Ombudsleute" gründen. Ein Ombudsmann vermittelt zwischen Publikum und Redaktion, wirkt nach innen als Qualitätsexperte und nach außen als Aufklärer und Mediator. Diskutiert werden indes immer wieder seine Unabhängigkeit, sein Vertragsverhältnis und seine hierarchische Position – und damit seine Einflussmöglichkeiten. Einige Ombudsleute führen inzwischen nicht nur eine Kolumne im gedruckten Blatt, sondern auch ein *Weblog* und sind in Sozialen Netzwerken aktiv.

- *Leserbeiräte* sollen Anregungen für vernachlässigte Themen geben; nur am Rande können sie auch kontrollierenden und ethischen Einfluss auf die Redaktion nehmen. Sie haben bei weitem nicht die Macht der öffentlich-rechtlichen Rundfunkräte. Insgesamt gibt es noch wenig Erfahrung mit Leserbeiräten. Außer beim *Axel-Springer-Verlag* wurden bei der *Westdeutschen Allgemeinen Zeitung (WAZ)* im März 2008 Leserbeiräte für jede einzelne Lokalredaktion berufen.
- *Fehlerkorrekturen* sind vor allem in US-amerikanischen und britischen Zeitungen üblich (vgl. *www.regrettheerror.com*). In Deutschland gibt es inzwischen vereinzelte Korrekturspalten. Einige Beispiele: seit 25 Jahren bei der *tageszeitung (taz)*, seit mehr als 15 Jahren bei der *Berliner Zeitung* und seit 2005 bei der *Süddeutschen Zeitung* und der *Main-Post*. Dass eine regelmäßige und offene Fehlerkorrektur zur Glaubwürdigkeit einer Redaktion beiträgt, ist heute weitgehend unumstritten. Kritisiert wird hingegen, dass in den Korrekturspalten fast ausschließlich nur Kleinigkeiten thematisiert werden – wie z. B. falsch geschriebene Namen oder Größenangaben (Bugeja und Peterson 2007) – und nicht die „wirklich großen journalistisch-inhaltlichen Fehler", wie es Arno Widmann zugibt, der die Korrekturspalte als Chefredakteur der *taz* eingeführt und später als Leitender Redakteur bei der *Berliner Zeitung* betreut hat (zitiert nach Initiative Tageszeitung 2006, S. 5).
- *Redaktionelle Routinen und Strukturen* können grundsätzlich qualitätssichernd optimiert werden. Ein Beispiel: Der Trend in deutschsprachigen Redaktionen, nach anglo-amerikanischem Vorbild stärker zwischen Reporter und Editor zu trennen (z. B. Meier 2006), kann dazu führen, dass Beiträge besser redigiert, Fehler frühzeitig erkannt und rechtliche und ethische Standards überprüft werden – wenn am Newsdesk genug Zeit dafür eingeplant wird. Immerhin hat in Deutschland die Häufigkeit, mit der eigene Beiträge gegengelesen oder abgenommen werden, zwischen 1993 und 2005 massiv zugenommen: Bei 66 % der Journalisten ist nun gegenseitige Korrektur „meistens oder fast immer" üblich – gegenüber 37 % zwölf Jahre zuvor (vgl. Weischenberg et al. 2006, S. 84–88).

6 Ausblick: Erhebliche Entwicklungspotentiale

Die Redaktionen in Deutschland sind sich in der aktuellen Umbruchsituation des Journalismus erst allmählich darüber bewusst, welche Rolle sie als Institutionen der Medienethik und Qualitätssicherung spielen können und vor dem Hintergrund des generellen Vertrauensverlusts in Medien auch spielen müssen. Die Beispiele zeigen, dass in jüngster Zeit Modelle dafür entwickelt oder von anderen Ländern übernommen werden, um das Gespräch in der Redaktion und mit dem Publikum zu Ethik und Qualität zu institutionalisieren – vor allem durch die Nutzung der neuen Möglichkeiten im Internet. Insofern stecken in diesem Feld noch erhebliche Entwicklungspotentiale – in der redaktionellen Praxis genauso wie in der Forschung: Endet Reputationsmanagement ausschließlich in redaktioneller PR oder führt es tatsächlich zu einem stärkeren Verantwortungsgefühl und ethisch gerechtfertigtem Verhalten von Journalisten? Wie effektiv sind die (neuen und alten) Möglichkeiten der redaktionellen Selbstkontrolle? Können Redaktionen, die Ethik-Maßnahmen ergreifen, Vertrauen und Glaubwürdigkeit bei ihrem Publikum aufbauen – entgegen dem Branchentrend? Und: Wie transparent kann ein Transparenz-Konzept sein – oder anders formuliert: Inwiefern kann die Qualität der journalistischen Transparenz überhaupt vom Publikum beurteilt werden?

Diese Forschungsfragen wurden bislang nur in vereinzelten empirischen Studien – vor allem in den USA – aufgegriffen (vgl. z. B. Boeyink 1994; Kaltenbrunner 2006; Bugeja 2007; Cline 2008; Meier und Reimer 2011). Diese zeigen, dass methodisch am sinnvollsten mit qualitativen, ganzheitlichen Fallstudien vorzugehen ist – oder mit sozialwissenschaftlichen Experimenten der Wirkungsforschung. Das ist mühsam, und die Ergebnisse lassen sich kaum generalisieren. Die Fallstudien und die Ergebnisse der Experimente können indes Anregungen für Redaktionen geben und somit redaktionelle Qualitätssicherung befruchten (vgl. Meier 2013, S. 266–269).

K. Meier, *Die Redaktion als Institution der Medienethik*, essentials,
DOI 10.1007/978-3-658-04006-2_6, © Springer Fachmedien Wiesbaden 2014

Am Horizont erscheinen bereits neue ethische Herausforderungen für Redaktionen im digitalen Zeitalter, das einerseits durch Medien- und Finanzierungskrisen gekennzeichnet ist (vgl. Meier 2009; Lobigs 2013) und andererseits durch neue Chancen, Möglichkeiten und Gefahren. Zum Beispiel: Wie verändern sich ethische Standards und Qualitätsmaßstäbe in crossmedialen Newsrooms (vgl. Singer 2006; Kaltenbrunner 2006, S. 179; Schantin et al. 2007; García Avilés u. a. 2009)? Schlagwörter sind hier zum Beispiel die plattformübergreifende Orientierung an Quoten und Klickzahlen (vgl. Meier und Tüshaus 2006) oder die Optimierung der redaktionellen Produkte für Suchmaschinen. Zudem öffnen sich immer mehr Redaktionen dem Publikum auf digitalen Wegen: Wie sich eine Redaktion in Sozialen Netzwerken verhalten soll, ist erst im „trial and error"-Verfahren und bei weitem nicht standardisiert. Nur der Trend scheint klar: Redaktion, die sich auf Partizipation des Publikums und auf Soziale Netzwerke einlassen, sind gezwungen transparenter zu agieren und sind öffentlich beobachtbar. Es gibt Gründe, die einen Zusammenhang plausibel machen (vgl. Meier und Reimer 2011, S. 135): Wer offen arbeitet, ist sich der öffentlichen Verantwortung mehr bewusst, weil er damit tagtäglich konfrontiert wird.

Literatur

Altmeppen, Klaus-Dieter. 2006. *Journalismus und Medien als Organisationen. Leistungen, Strukturen und Management*. Wiesbaden: VS Verlag.

Altmeppen, Klaus-Dieter, und Klaus Arnold. 2010. Ethik und Profit. In *Handbuch Medienethik*, Hrsg. Christian Schicha und Carsten Brosda, 331–347. Wiesbaden: VS Verlag.

Altmeppen, Klaus-Dieter, und Thorsten Quandt. 2002. Wer informiert uns, wer unterhält uns? Die Organisation öffentlicher Kommunikation und die Folgen für die Kommunikations- und Medienberufe. *Medien & Kommunikationswissenschaft* 50:45–62.

Axel Springer Verlag. 2003. Leitlinien zur Sicherung der journalistischen Unabhängigkeit bei Axel Springer. http://www.axelspringer.de/dl/22484/journalistische_leitlinien.pdf. Zugegriffen: 8. Sept. 2008.

Baerns, Barbara, Hrsg. 2004. *Leitbilder von gestern? Zur Trennung von Werbung und Programm*. Wiesbaden: Westdeutscher Verlag.

Baum, Achim. 2006. Pressefreiheit durch Selbstkontrolle. *Aus Politik und Zeitgeschichte*, Nr. 38, 18. September. http://www.das-parlament.de/2006/38/Beilage/002.html. Zugegriffen: 8. Sept. 2008.

Blankenburg, William B. 1995. Measuring morality in newspaper management. *Journal of Mass Media Ethics* 10:147–153.

Boeyink, David E. 1994. How effective are codes of ethics? A look at three newsrooms. *Journalism Quarterly* 71:893–904.

Born, Michael. 1996. Ich klage an. *Playboy* 6:100–105.

Bugeja, Michael. 2007. Making whole. The ethics of correction. *Journal of Mass Media Ethics* 22:49–65.

Bugeja, Michael, und Jane Peterson. 2007. How complete are newspaper corrections? An analysis of the 2005 „Regret the Error" compilation. *Media Ethics* 18(2). http://media.www.mediaethicsmagazine.com/media/storage/paper655/news/2007/07/01/AnalysesCommentary/HowComplete.Are.Newspaper.Corrections.An.Analysis.Of.The.2005.regret.The.Error-2923347.shtml. Zugegriffen: 8. Sept. 2008.

Cline, Andrew R. 2008. Ethics and ethos: Writing an effective newspaper ombudsman position. *Journal of Mass Media Ethics* 23:79–89.

Debatin, Bernhard. 1997. Medienethik als Steuerungsinstrument? Zum Verhältnis von individueller und korporativer Verantwortung in der Massenkommunikation. In *Perspektiven*

DOI 10.1007/978-3-658-04006-2, © Springer Fachmedien Wiesbaden 2014

der Medienkritik. Die gesellschaftliche Auseinandersetzung mit öffentlicher Kommunikation in der Mediengesellschaft, Hrsg. Hartmut Weßler, Christiane Matzen, Otfried Jarren, und Uwe Hasebrink, 287–303. Opladen: Westdeutscher Verlag.

Deggans, Eric. 2006. Media struggle with demands for transparency. *St. Petersburg Times*, 16. Januar. http://www.sptimes.com/2006/01/16/Worldandnation/Media_struggle_with_d.shtml. Zugegriffen: 8. Sept. 2008.

Dillon, Mike. 2005. In the wake of Jayson Blair: A conversation with *The New York Times* public editor Daniel Okrent. *Media Ethics* 16(2). http://media.www.mediaethicsmagazine.com/media/storage/paper655/news/2005/05/05/AnalysesCommentary/In.The.Wake.Of.Jayson.Blair.A.Conversation.With.The.New.York.Times.Public.Editor-959313.shtml. Zugegriffen: 8. Sept. 2008.

Elia, Cristina. 2007. Vierzig Jahre Presseombudsmann. *Zeitschrift für Kommunikationsökologie und Medienethik* 9 (1): 92–97. Dokumentiert unter http://www.ejo.ch/analysis/ethics/ZfKM-2007-schwerpunkt-lektorat-Elia.pdf. Zugegriffen: 8. Sept. 2008.

Elia, Cristina. 2008. Den Fernsehjournalisten in die Karten schauen. *Neue Zürcher Zeitung*, 22. August. Dokumentiert unter http://www.ejo.ch/index.php?option=com_content&task=view&id=1558&Itemid=167. Zugegriffen: 8. Sept. 2008.

FAZ.NET. 2008. Redaktioneller Kodex. Leitlinien der Berichterstattung. http://www.faz.net/s/Rub11D82053A9234F23B56715D15DCC317E/Doc~EEF76F7AD18A341B282979DBC971FC0A3~ATpl~Ecommon~Scontent.html. Zugegriffen: 8. Sept. 2008.

Funiok, Rüdiger. 2006. Ethische Analyse im Qualitätsmanagement. Plädoyer für die Verschränkung zweier Handlungsorientierungen. In *Medien-Qualitäten. Öffentliche Kommunikation zwischen ökonomischem Kalkül und Sozialverantwortung*, Hrsg. Siegfried Weischenberg, Wiebke Loosen, und Michael Beuthner, 185–199. Konstanz: UVK.

García Avilés, José A. u. a. 2009. Newsroom integration in Austria, Spain and Germany: Models of media convergence. *Journalism Practice* 3(3):285–303.

GfK. 2007. Ärzte und Lehrer genießen das meiste Vertrauen. Internationale GfK-Studie zum Vertrauen der Bürger in verschiedene Berufsgruppen. http://www.gfk.com/imperia/md/content/presse/pd_trust_index_2007_dfin.pdf. Zugegriffen: 8. Sept. 2008.

Gottwald, Franzisca, Andy Kaltenbrunner, und Matthias Karmasin. 2006. *Medienselbstregulierung zwischen Ökonomie und Ethik. Erfolgsfaktoren für ein österreichisches Modell.* Wien: Lit.

Hayes, Arthur S., Jane B. Singer, und Jerry Ceppos. 2007. Shifting roles, enduring values: The credible journalist in a digital age. *Journal of Mass Media Ethics* 22:262–279.

Hermes, Sandra. 2006. *Qualitätsmanagement in Nachrichtenredaktionen*. Köln: Herbert van Halem.

Initiative Tageszeitung. 2006. mehrWERT 2/06: Fehlermanagement. http://www.initiative-tageszeitung.de/fileadmin/dokumente/themenspecial_fehlermanagement.pdf. Zugegriffen: 8. Sept. 2008.

Initiative Tageszeitung. 2007. mehrWERT 2/07: Redaktionelle Transparenz. http://www.initiativetageszeitung.de/fileadmin/dokumente/themenspecial_transparenz.pdf. Zugegriffen: 8. Sept. 2008.

Institut zur Förderung publizistischen Nachwuchses, und Deutscher Presserat, Hrsg. 2005. *Ethik im Redaktionsalltag*. Konstanz: UVK.

Kaltenbrunner. Andy. 2006. Der Defensor del Lector von El Pais. Das Modell Leseranwalt in der Praxis. In *Presse 2006*, Hrsg. Verband Österreichischer Zeitungen, 174–189. Wien. http://www.voez.at/download243. Zugegriffen: 8. Sept. 2008.

Karmasin, Matthias. 1993. *Das Oligopol der Wahrheit. Medienunternehmen zwischen Ökonomie und Ethik*. Wien: Böhlau.

Karmasin, Matthias. 1999. Stakeholder Orientierung als Kontext zur Ethik von Medienunternehmen. In *Medienethik – die Frage der Verantwortung*, Hrsg. Rüdiger Funiok, Udo F. Schmälzle, und Christoph H. Werth, 183–211. Bonn: Bundeszentrale für politische Bildung.

Karmasin, Matthias. 2010. Medienunternehmung. In *Handbuch Medienethik*, Hrsg. Christian Schicha und Carsten Brosda, 217–231. Wiesbaden: VS Verlag.

Kohring, Matthias, und Jörg Matthes. 2007. Trust in news media. Development and validation of a multidimensional scale. *Communication Research* 34 (2): 231–252.

Lasica, J. D. 2004. Transparency begets trust in the ever-expanding blogosphere. *Online Journalism Review*, 12. August. http://www.ojr.org/ojr/technology/1092267863.php. Zugegriffen: 3. Sept. 2008.

Lobigs, Frank. 2013. Finanzierung des Journalismus. In *Journalismusforschung. Stand und Perspektiven*, Hrsg. Klaus Meier und Christoph Neuberger, 53–74. Baden-Baden: Nomos.

Lorenz-Meyer, Lorenz. 2007. Eine permanente Revolution. Zum Berufsfeld des Online-Journalisten. *Journalistik Journal*, 15. April. http://journalistik-journal.lookingintomedia.com/?p=53. Zugegriffen: 8. Sept. 2008.

Malik, Maja. 2008. Selbstverliebte Fremdbeobachter. Zum Dilemma der journalistischen Selbstbezüglichkeit. In *Paradoxien des Journalismus. Theorie – Empirie – Praxis*, Hrsg. Bernhard Pörksen, Wiebke Loosen, und Armin Scholl, 429–446. Wiesbaden: VS Verlag.

Meier, Klaus. 2002. *Ressort, Sparte, Team. Wahrnehmungsstrukturen und Redaktionsorganisation im Zeitungsjournalismus*. Konstanz: UVK.

Meier, Klaus. 2003. Qualität im Online-Journalismus. In *Qualität im Journalismus. Grundlagen – Dimensionen – Praxismodelle*, Hrsg. Hans-Jürgen Bucher und Klaus-Dieter Altmeppen, 247–266. Wiesbaden: Westdeutscher Verlag.

Meier, Klaus. 2006. Newsroom, Newsdesk, crossmediales Arbeiten. Neue Modelle der Redaktionsorganisation und ihre Auswirkung auf die journalistische Qualität. In *Medien-Qualitäten. Öffentliche Kommunikation zwischen ökonomischem Kalkül und Sozialverantwortung*, Hrsg. Siegfried Weischenberg, Wiebke Loosen, und Michael Beuthner, 203–222. Konstanz: UVK.

Meier, Klaus. 2009. Journalismus in Zeiten der Wirtschaftskrise. Neun Thesen zum Strukturwandel der Medien. *Journalistik Journal* 12 (1): 14–17 (im Internet unter *journalistik-journal.lookingintomedia.com/?p=269*).

Meier, Klaus. 2013. *Journalistik*. 3. überarb. Aufl. Konstanz: UVK.

Meier, Klaus, und Benedikt Tüshaus. 2006. Echtzeit-Quoten. Klickzahlen im Online-Journalismus. *epd medien*, Nr. 56, 19. Juli, 3–7. Erweitert dokumentiert unter http://www.onlinejournalismus.de/2006/08/03/im-quotenparadies. Zugegriffen: 8. Sept. 2008.

Meier, Klaus, und Julius Reimer. 2011. Transparenz im Journalismus. Instrumente, Konfliktpotentiale, Wirkung. *Publizistik* 56:133–155.

Möllmann, Bernhard. 1998. *Redaktionelles Marketing bei Tageszeitungen*. München: Reinhard Fischer.

Möllmann, Bernhard. 2001. Gefahrenpotenzial aufdecken. *Message* 4:68–71.

netzeitung.de. 2001. Redaktioneller Kodex. Die journalistische Definition der Netzeitung. http://www.netzeitung.de/ueberuns/kodex/&item=155463. Zugegriffen: 8. Sept. 2008.

Neuberger, Christoph. 2002. Alles Content, oder was? Vom Unsichtbarwerden des Journalismus im Internet. In *Innovationen im Journalismus. Forschung für die Praxis*, Hrsg. Ralf Hohlfeld, Klaus Meier, und Christoph Neuberger, 25–69. Münster: Lit.

Okrent, Daniel. 2004. Quellenkunde. Exklusiv-Interview mit dem Ombudsmann der New York Times. *Medium Magazin Abo-Service*. http://www.mediummagazin.de/download/2518.pdf. Zugegriffen: 8. Sept. 2008.

Ott, Klaus, und Annette Ramelsberger. 2000. Der Fall Tom Kummer: Eine Dokumentation in eigener Sache. Ein Mann und sein ganz besonderer Draht. *Süddeutsche Zeitung*, 27./28. Mai, 21–22.

Plaisance, Patrick Lee. 2007. Transparency: An assessment of the Kantian roots of a key element in media ethics practice. *Journal of Mass Media Ethics* 22:187–207.

Pöttker, Horst. 2005. Ende des Millenniums - Ende des Journalismus? Wider die Dogmatisierung der professionellen Trennungsgrundsätze. In *Journalismus und Wandel. Analysedimensionen, Konzepte, Fallstudien*, Hrsg. Markus Behmer u. a., 123–141. Wiesbaden: VS Verlag.

Pürer, Heinz. 1992. Ethik in Journalismus und Massenkommunikation. Versuch einer Theorien-Synopse. *Publizistik* 37:304–321.

Reus, Gunter. 2004. Mit doppelter Zunge. Tom Kummer und der New Journalism. In *Grenzgänger. Formen des New Journalism*, Hrsg. Joan Kristin Bleicher und Bernhard Pörksen, 249–266. Wiesbaden: VS Verlag.

Risel, Maren. 2008. Der Griff zum selben Nachrichtenmagazin wird sporadischer. Nr. 29/2008 der Reihe des Medienwissenschaftlichen Lehr- und Forschungszentrums der Universität Köln vom 29.7. http://www.mlfz.unikoeln.de/assets/files/Medientrends/Medientrend_29_2008.pdf. Zugegriffen: 8. Sept. 2008.

Ruß-Mohl, Stephan. 1999. Transparenz und Interaktivität bei amerikanischen Zeitungen. Vortragsmanuskript zur Tagung „Qualität im Journalismus" am 15.9. in St. Gallen.

Ruß-Mohl, Stephan. 2000. Ethik im Journalismus und in den Medien. Das Gespräch in der Redaktion ist wichtiger als das geschriebene Dokument. In *Wer die Medien bewacht. Medienfreiheit und ihre Grenzen im internationalen Vergleich*, Hrsg. Rudolf Gerhardt und Hans-Wolfgang Pfeifer, 173–186. Frankfurt a. M.: Gemeinschaftswerk der Evangelischen Publizistik.

Ruß-Mohl, Stephan. 2004. Organisationsethik und Medienmanagement: Wie wirksam sind medienbetriebliche Ethik-Kodizes? In *Leitbilder von gestern? Zur Trennung von Werbung und Programm*, Hrsg. Barbara Baerns, 123–137. Wiesbaden: Westdeutscher Verlag.

Saxer, Ulrich. 1992. Strukturelle Möglichkeiten und Grenzen von Medien- und Journalismusethik. In *Medien-Ethik. Beschreibungen, Analysen, Konzepte für den deutschsprachigen Journalismus*, Hrsg. Michael Haller und Helmut Holzhey, 104–128. Opladen: Westdeutscher Verlag.

Schantin, Dietmar, Torben Juul, und Klaus Meier, Hrsg. 2007. Crossmediale Redaktionen in Deutschland. IFRA Special Report 07.2007. Darmstadt: IFRA.

Schweizer Presserat. 2008. Richtlinien zur Erklärung der Pflichten und Rechte der Journalistinnen und Journalisten. http://www.presserat.ch/Documents/Richtlinien2008.pdf. Zugegriffen: 8. Sept. 2008.

Smith, Steven A. 2005. Fortress journalism failed. The transparent newsroom works. *Pressthink*, 23. November. http://journalism.nyu.edu/pubzone/weblogs/pressthink/2005/11/23/spk_ss.html. Zugegriffen: 8. Sept. 2008.

Singer, Jane B. 2006. Partnerships and public service: Normative issues for journalists in converged newsrooms. *Journal of Mass Media Ethics* 21:30–53.

Sonntag, Christian. 2007. Der Gesichtsvermieter. Christian Sonntag über Günter Jauch. In *Die Alpha-Journalisten. Deutschlands Wortführer im Porträt*, Hrsg. Stephan Weichert und Christian Zabel, 180–187. Köln: Herbert van Halem.

Stapf, Ingrid. 2006. *Medien-Selbstkontrolle. Ethik und Institutionalisierung*. Konstanz: UVK.

Stern, Reuben J. 2008. Stakeholder theory und media management: Ethical framework for news company executives. *Journal of Mass Media Ethics* 23:51–65.

The New York Times. 2003. Correcting the record. Times reporter who resigned leaves long trail of deception. *The New York Times*, 11. April. http://www.nytimes.com/2003/05/11/national/11PAPE.html?ex=1220155200&en=0121a1be28bb6270&ei=5070. Zugegriffen: 8. Sept. 2008.

The New York Times. 2004. *Ethical journalism. A handbook of values and practices for the news and editorial departments*. New York. http://nytco.com/pdf/NYT_Ethical_Journalism_0904.pdf. Zugegriffen: 8. Sept. 2008.

Völkl, Carl. 1980. Ombudsmann an Tageszeitungen. In *Materialien für Lokaljournalisten. Teil 1*, Hrsg. Projektteam Lokaljournalisten, 175–204. München: Ölschläger.

Volpers, Helmut. 2007. *Public Relations und werbliche Erscheinungsformen im Radio. Eine Typologisierung persuasiver Kommunikationsangebote des Radios*. Berlin: Vistas.

WAZ Mediengruppe. 2007. Verhaltenskodex. http://www.wazmediengruppe.de/fileadmin/template/Inhalte/Downloads/PDF/Aktuelles/Kodex.pdf. Zugegriffen: 8. Sept. 2008.

Weischenberg, Siegfried. 1992. *Journalistik. Theorie und Praxis aktueller Medienkommunikation. Band 1: Mediensysteme, Medienethik, Medieninstitutionen*. Opladen: Westdeutscher Verlag.

Weischenberg, Siegfried, Maja Malik, und Armin Scholl. 2006. *Die Souffleure der Mediengesellschaft. Report über die Journalisten in Deutschland*. Konstanz: UVK.

Wyss, Vinzenz. 2002. *Redaktionelles Qualitätsmanagement. Ziele, Normen, Ressourcen*. Konstanz: UVK.

Wyss, Vinzenz, Peter Studer, und Toni Zwyssig. 2012. *Medienqualität durchsetzen. Qualitätssicherung in Redaktionen. Ein Leitfaden*. Zürich: Orell Füssli.

Zydra, Markus. 2008. Ein stoischer Auftritt. *Süddeutsche Zeitung*, 4. September, 15.